UN VIAJE

SALÓN DE LA FAMA NAISMITH

BÁSQUETBOL

por Michael Sandler
Ilustrado por Ron Mahoney

Scott Foresman
is an imprint of

PEARSON

Glenview, Illinois • Boston, Massachusetts • Chandler, Arizona
Upper Saddle River, New Jersey

Illustrations by Ron Mahoney.

ISBN 13: 978-0-328-53551-4
ISBN 10:   0-328-53551-6

2 3 4 5 6 7 8 9 10 V0N4 13 12 11 10

Había estado en la entrada practicando por horas.

Después, me di cuenta de que no estaba sola. Mi hermana pequeña, Shona, me observaba desde el garaje.

—¿Cómo le llamas a eso, Asha? —preguntó en voz alta. Todo lo hacía en voz alta.

Dejé caer la pelota.

—No deberías mirar —dije—. Nadie debería mirar. Para que sepas, Shona, éste es mi tiro "triple inverso en suspensión". Por favor, Shona, no le digas a nadie.

Todos en el equipo de básquetbol de cuarto grado eran muy buenos —menos yo. Yo era una jugadora promedio. No era alta. No era rápida. No era buena guardia, pero amaba el básquetbol. Pensaba en ello día y noche. Era una enfermedad. Ahora trabajaba en mi propio tiro especial. Lo llamaba t-i-s. Aún no se lo había mostrado a nadie y no iba a hacerlo hasta que fuera perfecto.

Recogí la pelota nuevamente. Me detenía y giraba hacia un lado y luego hacia el otro. Después, me echaba un poco hacia atrás, y encestaba la pelota. La pelota giraba por el borde del aro y caía por la red. Hice esto una y otra vez.

—¡Sí!, —dije orgullosamente —así tomaré las riendas del partido.

—¿Asha? —gritó mi padre desde la casa—. ¿Dónde estás? No olvides que debemos irnos pronto.

Había estado tan ocupada trabajando en mi *t-i-s* que casi me olvido. Hoy, los tres íbamos a hacer un viaje al Salón de la Fama del Básquetbol. Nos tomaría una hora o dos llegar ahí.

—Lo había olvidado —dije mientras corría dentro.

Diez minutos después, nuestro carro ya estaba en un atasco de tráfico. Shona se enfermó de aburrimiento. Se sentó junto a mí mientras comía una barra de granola. Hacía ruidos crujientes, fuertes. Luego empezó a hacer ruido con un lápiz, como el redoble de un tambor. La ignoré y seguí leyendo el artículo que Papá había impreso: *Una guía para El Salón de la Fama de Básquetbol: En honor a Naismith.*

—Papá —le pregunté—, ¿por qué se encuentra el Salón en Springfield? ¿Por qué no está en una ciudad grande como Nueva York, Boston o Chicago?

—¡Ah!— respondió—. Eso se debe a que el básquetbol se inventó en Springfield.

—¿Por qué lo nombraron el Salón de la Fama "Naismith"? "Naismith" no es una palabra fácil de pronunciar —comenté.

—James Naismith inventó el deporte en 1891 —contestó Papá.

De repente, Shona decidió poner atención en algo que no fuera su barra de granola, y preguntó: —¿Qué es un salón de la fama?

—Es un museo —dije—, que honra a los mejores jugadores y entrenadores de básquetbol.

—¡Oh! —dijo Shona mientras bostezaba y miraba por la ventana.

Cuando finalmente llegamos al estacionamiento, quedé sorprendida. El edificio no se parecía a nada que hubiera visto antes. ¡Tenía la forma de un balón plateado gigante!

El interior del Salón de la Fama era igualmente notable. Había una cancha de básquetbol de tamaño real y paredes cubiertas con fotos.

—¡Caramba! Miren cuántos hay —dije.

—Ya sabes —dijo Papá—, el básquetbol es muy popular. De hecho, es uno de los deportes más populares del mundo. Millones de personas juegan, así que doscientas fotos en estas paredes no son tantas —continuó Papá—. Tienes que ser un jugador muy especial para que pongan tu foto aquí. Tienen que votar por ti. Tienes que ser el mejor de los mejores.

Recorrimos las salas, deteniéndonos para mirar las vitrinas llenas de uniformes, zapatos, trofeos, tableros y artículos de periódico sobre los jugadores de básquetbol.

Entonces vimos un balón en exhibición. ¡Era de Wilt Chamberlain! Lo había usado para anotar su punto número 25,000.

—Su punto 25,000 —dije—. ¡Sorprendente!

—Nadie anotaba como Wilt —dijo Papá—, nadie. Una vez, anotó cien puntos en un partido. Cincuenta años después nadie lo ha logrado de nuevo. Wilt fue de los primeros hombres realmente altos, medía más de siete pies de altura.

Wilt Chamberlain

Más adelante había dos modelos de tamaño real. Uno era tan alto que parecía un rascacielos humano.

—¿Quién es éste? —pregunté, parándome a su lado. Apenas alcancé su cintura.

—El jugador de la NBA más alto de todos los tiempos —dijo Papá—. Manute Bol.

—¿Era así de alto realmente? —dijo Shona, mirando con asombro el rostro de Manute.

—Sí —dijo Papá—. Le faltaban unas cuantas pulgadas para llegar a los ocho pies.

Volteamos hacia el otro jugador. Él no era alto. De hecho, era más bajo que Papá.

—Este es Muggsy Bogues, el jugador más pequeño en la historia de la NBA —dijo Papá—. Muggsy era rápido como un rayo. Muggsy podía correr en círculos alrededor de cualquiera. No tienes que ser el más alto, sólo necesitas tener algo especial que sólo tú tengas.

Más adelante en el pasillo, Shona intentaba leer un nombre en una vitrina.

—Ese es Laddie Gale dijo mi papá—. Fue uno de los primeros jugadores en encestar con una mano. En los viejos tiempos, todos usaban ambas manos.

Pensaba en mi tiro especial, el *t-i-s*. Nadie lo hacía. Tal vez algún día todos lo harían.

—¿No hay alguna mujer aquí? —preguntó Shona.

—Seguro —dijo Papá—. Mira, esta es Bertha Teague. Era una entrenadora de escuela secundaria en Oklahoma. Sus equipos casi nunca perdían. En un momento, ganó 98 partidos seguidos.

Papá señaló otra vitrina: —Esa es Nancy Lieberman. Ella ganó el campeonato colegial y jugó en las Olimpiadas. También fue la primera mujer en jugar en una liga masculina. La llamaban *Lady Magic*, que significa "magia de mujer".

Me gustó cómo sonaba ese nombre.

Nancy Lieberman

En el piso de abajo vimos a otro Magic: Magic Johnson. Estaba en una pantalla de video. Se veía tan elegante mientras saltaba en el aire y encestaba. Era sorprendente verlo en acción.

—¡Se ve como si tuviera siete pies de altura! —dijo Shona.

—No tanto, pero jugaba como si lo fuera —respondió Papá—. Magic podía enfrentar a jugadores de cualquier altura. Esa era una de las cosas que lo hacía tan especial.

Magic Johnson

De camino, vimos la estatua de James Naismith.

—¿Por qué sostiene un cesto de basura? —preguntó Shona.

—No es un cesto de basura —dijo Papá, sonriendo—. Es una canasta de madera de duraznos. Fue lo que usó como canasta para los primeros partidos.

¡Uf!, todo lo que podía pensar era lo feliz que me hacía que él tuviera esa mente tan especial para pensar en tal juego.

Finalmente, llegamos a la cancha de básquetbol. Había una sección con canastas más bajas, perfectas para niños pequeños. Le pasé a Shona un balón y ella lo lanzó a la canasta.

13

—Esto es divertido —dijo en voz baja.

Me di cuenta de que había disfrutado estar con mi hermana el día de hoy.

—Asha, ¿por qué no le muestras a Papá tu jugada especial? —dijo Shona, casi susurrando.

Primero, me enojé, realmente me enojé. ¿Por qué no podía guardar un secreto? Entonces, Papá dijo que le gustaría ver cualquier cosa que yo hiciera. Comencé a pensar que quizá ya era el momento.

Papá miraba con atención mientras rebotaba la pelota. Entonces, giré, me eché hacia atrás y encesté. Demostré mi *t-i-s.* La pelota pasó por la canasta sin dificultad.

Papá aplaudió. Lo mismo hicieron otras personas que se habían reunido a observar.

—¡Uf!, un día ese tiro te podría llevar al Salón de la Fama —dijo Papá orgullosamente.

—Pensé lo mismo —agregó Shona.

"Tal vez", pensé, "¡quizá tienen razón!" Hoy aprendí algo sobre mí misma. Hay muchas maneras en las que podemos ser especiales.

James Naismith

James Naismith era un maestro de gimnasia de la YMCA en Springfield, Massachusetts, cuando inventó el juego de básquetbol. Durante los fríos inviernos, cuando el suelo fuera del YMCA se congelaba, los estudiantes tenían que quedarse adentro. Para mantenerlos ocupados y felices, en 1891, Naismith inventó un juego que podía jugarse dentro de un gimnasio.

El Salón de la Fama de Básquetbol en Memoria de Naismith abrió en Springfield en 1968. En honor al inventor del juego, así como también a los jugadores y entrenadores que habían ayudado a conformar el deporte. Para el 2008, 258 personas pertenecían al Salón de la Fama de básquetbol.

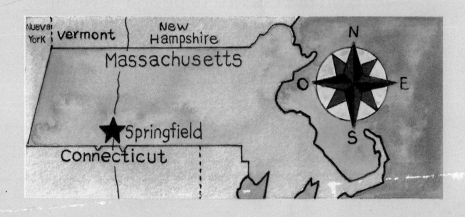